HISTOIRE

DU

COUP DE PISTOLET

TIRÉ SUR LE ROI,

LE 19 NOVEMBRE 1832.

PRIX: 1 FRANC 50 CENTIMES.

PARIS,

AU BUREAU DES PUBLICATIONS DITES :

LES HOMMES ET LES CHOSES,

RUE DES COLONNES, N. 11, PRÈS CELLE DE LA BOURSE;

BOUSQUET, SUCCESSEUR DE LEVASSEUR,

LIBRAIRE, PALAIS-ROYAL;

ET CHEZ LES PRINCIPAUX LIBRAIRES DE PARIS ET DES DÉPARTEMENS.

—

1833.

HISTOIRE

DU

COUP DE PISTOLET.

Les publications que très incessamment va faire paraître la Société des Hommes et des Choses, sont :

Les Discours du Roi à l'ouverture des chambres ; une publication sur l'Etat de siége de Paris, une sur l'Amortissement, une sur la duchesse de Berri, et des Biographies individuelles sur les hommes les plus marquans depuis la révolution de juillet.

Chacune de ces biographies formera une publication particulière.

Révélations sur le coup de pistolet du 19 novembre 1832, par un des accusés du complot (Ferd. Flocon)!!! In-8° ; prix 1 fr. 50 c.

Procès du coup de pistolet ; prix, 75 c.

Ce procès fait partie de la collection les Hommes et les Choses.

Le citoyen Bergeron va publier une brochure que l'on pourra joindre également à la collection ; elle contiendra des faits nouveaux extrêmement importants.

IMPRIMERIE DE GUIRAUDET,

RUE SAINT-HONORÉ, N. 315.

HISTOIRE

DU

COUP DE PISTOLET

TIRE SUR LE ROI,

LE 19 NOVEMBRE 1832.

PRIX : 1 FR. 50 C.

AVRIL 1833.

CHAPITRE PREMIER.

Ouverture des chambres. — Pairs et députés aux Tuileries. — Triple récit.
— Louis-Philippe et M. Dupin.

A toutes les époques critiques de la restauration, et elles se
renouvelaient d'autant plus fréquemment que les antipathies du
pays devenaient plus violentes, le gouvernement avait toujours
à sa disposition un événement imprévu comme pièce justifica-
tive soit de ses actes, soit de ses desseins, ou simplement comme moyen de détourner l'attention publique des batteries qu'il
fallait encore cacher. Dans ce système, la police et les fonds secrets jouaient de toute nécessité le principal rôle; rôle d'action
et de réaction, car, après avoir monté la scène, ils interve-
naient au dénoûment pour emprisonner les acteurs.

Les conseillers de la restauration, appelés pour la plupart

LES HOMMES ET LES CHOSES,

Collection de publications sur toutes les
choses notables et dignes de souvenir, qui,
réunies et classées par ordre alphabétique,
forment le DICTIONNAIRE HISTORIQUE PERPÉ-
TUEL des faits et événemens contemporains de
toute nature.

Ces publications paraissent à des époques
indéterminées.

Elles se vendent séparément; le prix est fixé
selon leur plus ou moins d'étendue.

Pour recevoir aussitôt la mise en vente, on
peut souscrire pour *cent feuilles* d'impression
(1600 pages), nombre annuel approximatif,
30 fr., et pour 50 feuilles, 15 fr., *franco*
pour toute la France.

Le bureau de la direction est rue des Colonnes, n° 11, près celle de la Bourse.
Les lettres, les paquets et l'argent doivent être adressés, *franco*, à M. Raymond, gérant.

aux conseils de la monarchie nouvelle, n'ont eu besoin que de consulter leurs souvenirs : leur politique a été toute de réminiscence. Seulement, en signe de progrès, ils ont décuplé leurs ressources ; la police et les fonds secrets ne se sont pas même tenus dans les proportions d'un budget accru de moitié. Nous avons eu, comme devant, police du château, police de l'intérieur, police municipale, police militaire, police de la police, mais tout cela en grand et sur un pied très formidable. Aussi les faits ont-ils répondu à la mise en œuvre. Que sont les plus beaux exploits de la restauration près de l'embrigadement des assommeurs ?

Cependant, il faut le dire, la trame la mieux ourdie, dont le secret avait été le mieux gardé, qui promettait les conséquences les mieux venues, a pitoyablement failli au signal donné ; la surabondance des ressorts a nui à la machine. Le filet s'est démaillé du premier coup, tout a passé à travers, et il n'est resté que ceux qui l'avaient lancé à l'improviste, penauds, confus, désappointés, et comme gens qui ne doivent pas dîner de leur pêche.

Pour parler moins figurément, il s'agissait, après un long interrègne des chambres, pendant lequel, en compensation, le ministère n'était pas resté inactif, d'ouvrir une session que les besoins du moment ne permettaient plus d'ajourner. L'année précédente, le discours d'ouverture était connu et commenté plusieurs jours à l'avance ; ce discours devait se composer de promesses que la situation comportait encore. Le ministère n'avait pas craint de communiquer son programme à ses amis, et ses adversaires l'avaient à peu près deviné. Mais maintenant on osait compter sur des résultats ; et, comme il n'y en avait point, on conçoit les difficultés que pouvait présenter la rédaction de la harangue souveraine. Aussi le ministère n'avait pas dit son secret, et le discours d'ouverture attendu allait avoir tout au moins le mérite d'une surprise.

La surprise fut grande en effet ; mais ce n'est point dans le discours du trône, parfaitement en harmonie avec les funestes événemens sous l'influence desquels s'ouvrait la session, qu'il faut en chercher les motifs. Le roi avait été précédé à la chambre par la nouvelle d'une tentative d'assassinat faite sur sa personne. Un coup de pistolet venait d'être tiré sur lui au détour du Pont-Royal. Néanmoins sa majesté se présenta bientôt après à l'assemblée, avec un visage si calme, qu'il était impossible d'imaginer qu'elle avait eu un nouveau danger à braver.

Quoi qu'il en soit, l'impression était produite. L'assemblée, vivement émue, n'écouta qu'à peine le discours d'ouverture, impatiente de donner libre cours à son indignation. On ne doutait pas, après le miracle qui venait de sauver les jours du roi, que Dieu ne protégeât spécialement notre bienheureuse patrie, et l'on répétait avec effroi que le nouveau Louvel venait d'être

5

saisi porteur d'un second pistolet puissamment chargé. Le roi
n'avait pas plus tôt quitté la salle, que pairs et députés en foule
se portaient sur ses pas aux Tuileries pour lui témoigner l'hor-
reur que leur inspirait un attentat auquel le plus grand
nombre croyait sans doute de bonne foi. Ceux des députés qui
ne suivirent pas leurs collègues se contentèrent, nous devons le
supposer, de voir les choses comme tout le monde : car, dans
le public, l'événement n'avait point fait de dupes, et les masses,
avec cet instinct qui les trompe si rarement, en avaient de pri-
me-abord pénétré le secret. L'explosion d'arme à feu qui s'était
fait entendre sur le passage du cortége avait été accompagnée
de circonstances tellement inexplicables, qu'on était forcé de se
demander si l'attentat n'avait pas été simulé par un parti inté-
ressé à faire revivre l'impression des journées de juin.

Avant d'aller plus loin, voici, au premier aspect, les diffé-
rentes versions des journaux ministériels sur l'événement.

20 novembre 1832.

« A deux heures dix minutes, au moment où le roi débouchait du Pont-
Royal, en face de la rue du Bac, un homme est sorti de la foule, qui en cet
endroit était très pressée, s'est avancé sur le trottoir entre deux soldats de la
ligne qui présentaient les armes, et là, presque à bout portant, a tiré un
coup de pistolet sur le roi : mais, soit que la main du meurtrier fût mal assu-
rée, soit qu'elle ait été dérangée par une jeune femme qui se trouvait auprès
de lui, et qui déclare l'avoir saisi par le bras, le coup heureusement n'a point
porté, et la balle a passé près de M. le général Pajol, qui a entendu le siffle-
ment. Le pistolet a été ramassé sur le pont par M. Gabriel Delessert.

« Cependant le général Pajol avait aussitôt poussé son cheval sur l'endroit
d'où le coup était parti; mais là s'était fait un grand mouvement. La foule
s'était mêlée; on se précipitait les uns les autres. L'assassin s'est échappé à la
faveur de ce désordre; et quoique le pont ait été cerné sur-le-champ, et que
quelques personnes aient été arrêtées, rien ne fait encore présumer que l'auteur du crime soit entre les mains de la justice. »

(Journal des Débats.)

« A deux heures un quart, au moment où le roi et son cortége étaient par-
venus à l'extrémité du Pont-Royal, une détonation d'arme à feu s'est tout à
coup fait entendre. « Sire, on vient de tirer un coup de fusil sur vous, » a
dit aussitôt un aide-de-camp. — « Non, a répondu le roi, c'était un coup de
pistolet; je l'ai vu. » C'était en effet un coup de pistolet qui avait été tiré
sur le roi par un individu placé sur le trottoir, à gauche, près du poteau de
la dernière lanterne.

« Sa Majesté s'est alors arrêtée, ainsi que l'état-major, et s'est avancée vers
l'endroit d'où le coup était parti, en demandant avec le plus grand sang-
froid : « Qu'y a-t-il? » Comme la foule et les soldats se précipitaient au-de-
vant de Louis-Philippe pour protéger sa personne, en criant : *Vive le roi !*
et en s'exprimant avec la plus énergique indignation. Sa Majesté a fait signe
de s'arrêter, en leur disant avec calme : « Ce n'est rien, mes amis, il n'y a
pas de mal ! »

« Cependant le groupe d'où le coup était parti avait été cerné presque au
même instant par des hommes de la garde nationale, de la ligne et des sergens de ville, qui ont arrêté plusieurs individus; mais il paraît que le coupable s'était perdu dans la foule, après avoir laissé tomber à terre deux pistolets de poche, qu'on a trouvés sur le trottoir, l'un déchargé, et ayant servi
sans doute à commettre l'attentat, l'autre encore chargé. On dit qu'au milieu
du mouvement de la multitude l'assassin a été soustrait par des individus qui

poussaient des cris de *Vive le roi !* et qui fendaient la foule dans diverses directions.

« On assure toutefois que la police est sur ses traces, et qu'elles sont faciles à suivre, parce que plusieurs personnes ont donné de lui le même signalement. On cite surtout le témoignage d'une dame qui se trouvait placée sur le pont à côté d'un jeune homme qui tenait de mauvais propos sur le gouvernement ; que, lorsque le roi a passé, ce jeune homme a ajusté un pistolet sur lui, et qu'avec le bras elle a fait changer la direction du coup. Cette dame, ajoute-t-on, a été conduite chez M. le ministre de l'intérieur et au château des Tuileries ; et elle a affirmé qu'elle reconnaîtrait bien le jeune homme si on le lui présentait. »   (*Constitutionnel.*)

« A deux heures le roi sortait des Tuileries, et se dirigeait vers le Pont-Royal. Il marchait isolé, laissant quelques pas de distance entre lui et les officiers généraux dont se compose son escorte.

« A l'extrémité du Pont-Royal, du sein d'un groupe qui s'était formé sur le trottoir au coin du quai Voltaire, un coup de pistolet partit, dirigé contre le roi. On s'élance...; on l'entoure...; on demande s'il est atteint...! « Non, messieurs, répond le roi, en poussant son cheval vers le groupe d'où était parti le coup de pistolet ; il n'y a pas de mal. Vous voyez que je ne suis pas blessé. »

« Au bruit de l'explosion avait succédé un moment de stupeur, et tout à coup, à l'aspect de Sa Majesté, aussi calme que si elle n'avait couru aucun danger, et continuant sa route comme à son ordinaire, en écartant les officiers qui voulaient l'entourer, l'enthousiasme le plus vif se manifesta de tous côtés.

« Quant à l'assassinat, voici des détails dont nous croyons pouvoir garantir l'exactitude, et qui tendraient à prouver que ce n'est pas un crime isolé. Il paraîtrait que l'auteur du crime aurait été constamment entouré d'une trentaine d'individus qui affectaient de crier : *Vive le roi !* L'assassin, pour se placer au premier rang des spectateurs au moment où le roi passerait, avait, à ce qu'il paraît, coudoyé et repoussé une jeune personne récemment arrivée à Paris, et à qui le désir de voir le roi avait fait supporter cette brutalité. Il se trouvait derrière un fusilier et un caporal de la ligne.

« La jeune personne, pour voir passer le roi, était obligée de se hausser sur ses pieds, et de regarder par-dessus les épaules de l'assassin. Tout à coup elle l'aperçut étendant le bras, et ajustant le roi avec un pistolet. Elle se jeta sur son bras ; mais le coup venait de partir. La détonation très forte qu'il produisit fait présumer que l'arme avait été trop chargée. C'est peut-être à cette circonstance que l'on doit le salut de Sa Majesté.

« Le coup lâché, l'assassin poussa violemment par derrière les deux militaires qui étaient devant lui, et se rejeta dans la foule. Il fut aussitôt confondu parmi les trente ou quarante voisins, dont l'enthousiasme pour le roi semblait redoubler, et qui, au moyen de cette ruse, parvinrent à éloigner les soupçons, et à faire évader le coupable. »   (*Journal de Paris.*)

Cette dernière version est la plus explicite sur l'existence d'un complot qu'on ne se sentait pas le courage de proclamer, le lendemain même de l'événement, d'une manière trop absolue, mais à l'idée duquel on cherchait déjà à façonner les esprits. Ainsi, d'après le *Journal de Paris*, il n'y aurait pas eu seulement un Louvel, mais on en aurait signalé jusqu'à trente ou quarante, qui cachaient le régicide sous les cris de Vive le roi ! La police serait donc accusée, par l'une des feuilles qui lui servent d'organe, d'avoir laissé échapper, non pas un, mais trente ou quarante assassins, sur un point où elle était certainement en force.

Et, de fait, il n'y avait dans la population, nous en appe-

lons à la mémoire du lecteur, qu'on cri pour accuser la police ;
mais ce n'était pas sa négligence qu'on lui reprochait. Le premier jour on hésitait encore ; on voulait savoir quelle était cette
jeune dame qui joue un rôle si important dans les trois révélations que nous avons reproduites ; sa présentation aux Tuileries
stimulait la curiosité. Après sa déposition, on ne pouvait plus
douter sur le signalement du coupable. Avait-il quinze ou
trente-cinq ans, comme on l'avait dit ? Etait-ce un maçon en
veste ou une espèce de monsieur ? Deux personnes au moins l'a-
vaient très bien vu : le roi d'une part, et la jeune dame de l'autre ; et, comme pour exciter l'émulation de toutes les polices
du pays, une ordonnance récente venait de prélever, par anti-
cipation, un million sur les fonds secrets de 1835.

Quant à la jeune dame, nous ferons, au chapitre suivant,
connaissance avec elle. Mais c'est ici le lieu de rapporter les
propres paroles du roi, racontant, au milieu d'un groupe de
députés, l'attentat contre sa personne : « J'ai vu l'homme, qui
était placé au second rang des spectateurs, déranger ceux qui
étaient devant lui, et avancer le bras. Au besoin je le recon-
naîtrais. J'ai vu la fumée du coup, mais je n'ai pas entendu sif-
fler la balle. »

Il y avait donc une question à laquelle la police était avant
tout tenue de répondre. L'auteur du coup de pistolet était-il
arrêté ? S'il l'était, il ne fallait plus se hâter de porter un juge-
ment, l'instruction judiciaire devait tout éclaircir. S'il ne l'é-
tait pas, tous les soupçons étaient naturels. La fuite de l'assassin,
quand tout, dans cette foule serrée, semblait la rendre impossible, donnait à cette aventure un caractère tout-à-fait hors de
ligne. C'était déjà un concours de circonstances bien extraordinaires que ce coup de pistolet à balle tiré dans une foule sans
qu'on ait eu de nouvelles de la balle ; que cet individu choisissant pour tirer sur le roi le moment où il passait à cheval, en
plein jour, entouré d'un escorte nombreuse ; le moment où dix
milles hommes de troupes et tous les agens de la police étaient
sur la place. La non-arrestation de cet homme ouvrait un vaste
champ aux conjectures.

Ce qui acheva d'établir pour tout le monde le véritable caractère de cet événement, ce fut l'empressement qu'on mit à
l'exploiter dans l'intérêt du gouvernement. Nous avions une
longue expérience de ce genre ; sans compter le coup de pistolet
tiré sur lord Wellington, nous avions eu le petard qui éclata
sous les appartements de Louis XVIII. Alors aussi les chambres
s'étaient précipitées dans les Tuileries pour y faire retentir leur
indignation ; tous les corps constitués avaient suivi cet exemple ; les adresses pleuvaient de tous les points du royaume ; et,
plus tard, le public sut que les chambres et la France avaient
été les jouets d'une manœuvre de police ; mais l'effet politique
qu'on s'en était promis dans le moment était obtenu.

Cet exemple aurait dû servir d'avertissement à tout ce qui n'agissait pas sous l'empire de la passion ou de la peur; mais la haine stupide des uns, les terreurs ridicules des autres, prirent le dessus de plus belle, et poussèrent au château nos mandataires furibonds ou effarés, mais prêts à donner dans tous les panneaux tête baissée. Dès ce moment le bill d'indemnité de l'état de siége était acquis au pouvoir. Les âmes timorées qui, incapables de soupçonner un attentat imaginaire, croyaient n'avoir à déplorer du moins qu'un crime isolé, qu'elles eussent rougi d'imputer à un parti, durent être, dès le premier jour, bien péniblement affectées après cet étrange dialogue : « Mon cher Dupin, ils ont tiré sur moi! — Non, sire, c'est sur eux-mêmes qu'ils ont tiré! » Il put être alors de bon goût à la cour de se tenir pour dit qu'il y avait complot, et de se porter dans la direction où l'on semblait en indiquer les traces; mais l'opinion publique ne prit pas le change, et l'issue de l'événement a prouvé qu'elle avait raison.

CHAPITRE II.

Mademoiselle Boury, ses syncopes, sa présentation à la cour. — Assassin
empoigné et lâché. — M. Rocton. — Pluie de pistolets.

Le lendemain de l'attentat, les feuilles de la police tâtonnaient
encore, ne sachant trop quel parti elles devaient dénoncer.
« Après les déclamations de la tribune, disait le *Journal de Paris*, sont venues les émeutes, après les émeutes l'insurrection,
après l'insurrection l'assassinat. » Cela tombait à plomb sur la
république, voire sur l'opposition du *Compte rendu.* « On se souvient, disait le *Nouvelliste*, qu'à une autre époque ce fut l'histoire des factions de finir par des crimes ou des machinations
infernales.» Ceci faisait évidemment allusion à l'attentat de la
rue Saint-Nicaise, ouvrage des royalistes. Cependant, comme le
discours de la couronne avait été beaucoup moins virulent contre les royalistes que contre les républicains, il était probable
que le coup de pistolet appartiendrait en définitive à ces
derniers.

Jusqu'ici la jeune dame dont nous avons vu le dévoûment
dans le triple récit du précédent chapitre était le seul témoin
qui eût parlé; et il faut convenir que jamais sibylle n'a rendu
ses oracles au milieu d'une plus grande solennité et en présence
d'une société mieux choisie, puisque c'est à la cour, tout droit à
la cour, qu'on l'avait fait transporter en sortant du ministère
de l'intérieur, et dans la propre voiture du ministre.

Cette jeune dame, ou plutôt cette demoiselle, avait nom Adèle
Boury, dix-neuf ans, beauté passable, mais bien au-dessous
du portrait que la renommée en a publié. Elle était sur le Pont-
Royal au moment où défilait le cortège. Elle se trouvait placée à
côté de la première lanterne en venant par la rue du Bac, devant un homme qui était sur la seconde ligne, et derrière un
des militaires qui formaient la haie. Cet homme lui donna un
coup de coude dans l'estomac, comme cela a été dit, pour se
mettre devant elle, et, quand le roi vint à passer, elle vit le
même individu tirer de la main gauche un pistolet de sa redingote et le diriger sur sa majesté. Elle lui saisit le bras avec ses
deux mains, et le coup partit aussitôt. La foule, qui s'ébranla
au même instant, la fit tomber et l'obligea à lâcher le coupable, qui prit la fuite à sa droite. La jeune personne perdit alors
connaissance; mais le premier mot qu'elle prononça en repre-
nant ses esprits fut le nom de M. Thiers, auprès de qui elle se
réfugia en toute hâte.

Rien d'étonnant d'ailleurs dans cette démarche. Mademoiselle Boury savait le chemin de l'hôtel de M. Thiers ; elle avait dû se présenter plusieurs fois dans ses bureaux ; elle en sortait même depuis quelques minutes lorsqu'elle vint se mêler au public qui attendait le cortége du roi. Fille d'un ancien maître de poste de Bergues, décédé il y a cinq à six ans, elle était venue à Paris pour solliciter le rétablissement du bureau de la poste de Bergues, au nom de sa mère et des enfants du premier lit. Elle avait fait parveuir divers placets au roi, à l'appui de ses pétitions au ministère, le tout mis au net, selon la formule, par un sieur Frédéric, écrivain-rédacteur. Elle recevait les réponses à l'hôtel des Ambassadeurs, où elle logeait, rue Notre-Dame-des-Victoires ; c'est là qu'on lui avait adressé plusieurs messages portant le timbre de la maison du roi, un entre autres la veille de l'événement.

Arrivée au ministère de l'intérieur, mademoiselle Boury, qui, nous le répétons, en était sortie tout au plus une demi-heure auparavant, n'avait plus à parler, on s'en doute bien, de ses affaires personnelles. En l'absence du ministre, elle conta à M. Martin, secrétaire particulier, ce qu'elle avait vu. Ce fut donc M. Martin qui la fit monter en magnifique équipage et conduire triomphalement au château.

Jamais présentation à la cour n'avait été si théâtrale. Emportée de salon en salon par les acclamations de la foule dorée qui les encombrait, embrassée par la reine et ses dames, mademoiselle Boury ne put résister à tant d'émotions, et, trop dépaysée pour se reconnaître, elle prit le parti de s'évanouir au milieu des *vivat* qui la portaient aux nues. Les secours ne se firent pas attendre ; ils furent prodigués par des mains augustes. Le nom d'*ange sauveur* accueillit son réveil, et elle eût pu se croire en Paradis, si le visage de M. Desmortiers, procureur du roi, ne s'était en ce moment présenté à sa vue.

M. le procureur du roi venait la retirer des joies célestes pour la conduire chez M. le préfet de police, où elle fit sa déposition. Hélas ! c'est ici que l'Enfer a sa porte d'entrée ; mais n'anticipons point sur les faits. M. le procureur du roi se montra ce jour-là assez bon diable : il reconduisit lui-même mademoiselle Boury chez elle, à l'hôtel des Ambassadeurs, et la recommanda au maître de l'hôtel, qui lui fit donner aussitôt un grand appartement. Il y a plus, pendant vingt-quatre heures encore le Paradis voulut bien se souvenir d'elle ; on envoya des Tuileries savoir de ses nouvelles le premier jour et le lendemain.

Le surlendemain, la scène avait changé : l'ange sauveur était déjà déchu, les bravos avaient fait place aux sourires de dédain, les mains augustes s'étaient lavées au vinaigre ; ce n'était plus la reine, c'était un *chapeau à plumes blanches*, et il y en a tant à la cour ! Et pourquoi ce fi général ? Mademoiselle Boury n'avait-elle plus sauvé la France ? n'était-elle plus la Providence du pays ? Il faut bien le dire, on le croyait encore, on tenait du moins à le faire accroire ; mais les actions de grâce n'avaient pas été assez réfléchies, l'étiquette étouffait la reconnaissance ; on craignait de s'être encanaillé, pour parler le langage reçu ; l'ange sauveur, la Providence de la patrie, après les premières informations, était un être par trop mondain ; la nouvelle Jeanne, en un mot, avait perdu son talisman.

Nous arrêterons-nous à cette misère ? La vie de mademoiselle Boury a pu être l'objet de recherches sévères, en raison du rôle important qu'elle semblait devoir jouer dans toute cette affaire et des méfiances qui agitaient le public ; mais aujourd'hui, que nous importent ses antécédens ? Mademoiselle Boury a été calomniée au surplus, et nous lui devons cette justice, que les motifs intéressés qu'on lui supposait étaient mal fondés. Mademoiselle Boury, outre le rétablissement du bureau de la poste de Bergues, qu'elle sollicitait du ministère, avait aussi pour but, en arrivant à Paris, d'obtenir d'un capitaliste, à titre d'emprunt, une somme de 80,000 fr., nécessaire à l'acquisition de l'hôtel Meurice, à Calais. Cette acquisition, elle eût voulu la faire pour un jeune homme, nommé Masse, avec qui elle devait se marier. Elle s'était adressée tour à tour à M. Dupuytren, à M. Rothschild, et enfin à Louis-Philippe, par l'entremise de M. Jules Larochefoucauld, un des aides-de-camp, qui lui avait répondu, en se chargeant toutefois de sa pétition, que *Sa Majesté pourrait peut-être bien faire un don, mais qu'il n'était pas dans les usages qu'elle fît un prêt.* Sa Majesté ne fit ni l'un ni l'autre.

Or, nous croyons, nous, et la suite de cette révélation mettra le lecteur à même de juger si nous nous trompons ; nous croyons qu'il n'a tenu qu'à mademoiselle Boury, après l'événement du Pont-Royal, d'obtenir, d'un côté ou d'un autre, bien au-delà de ses demandes : mademoiselle Boury n'a rien obtenu.

Quant à son talisman, elle en était sans doute la maîtresse ; ses secrets d'alcôve ne nous regardent pas ; ils ne se rattachent d'ailleurs en aucune façon à notre sujet, et le lecteur nous saura gré de les passer sous silence.

Revenons sur le Pont-Royal. A la détonation du coup de pistolet, un sieur Scherer, caporal de la garde municipale, s'était précipité dans la foule, et avait saisi au collet le premier individu qui lui avait été désigné. C'était bien là le coupable, car, en le secouant rudement, le caporal Scherer avait vu tomber un pistolet à ses pieds. Deux sergens de ville, accourus aussitôt, avaient empoigné et secoué de plus belle l'assassin, qu'ils s'étaient hâtés d'amener, tandis que l'heureux caporal ramassait l'arme tombée à terre. Vous vous attendez que cet homme, que l'on tenait si bien, va être traîné devant la justice ? Point : il n'y a jamais paru, on n'en a plus eu de nouvelles...

Cependant le caporal Scherer avait remis l'arme ramassée entre les mains de M. Noël, commissaire de police, et avait regagné sa caserne, rêvant peut-être déjà l'avancement le plus rapide, et cette inévitable croix d'honneur, que quelques uns ont déjà pendue au croc, que d'autres subissent encore, mais qu'un caporal est toujours jaloux de porter. Scherer avait d'autant plus raison d'envisager la fortune avec assurance, que le pistolet qu'elle lui envoyait, arrivé sur la table du juge d'instruction, se trouva être le frère jumeau d'un autre pistolet, ramassé aussi par le sergent de ville Petit-Didier, qui l'avait remis à M. le colonel de gendarmerie Raffé. Le pistolet Didier avait son chien abattu, preuve qu'il venait d'être tiré ; le pistolet Scherer avait sa charge dans le canon, preuve qu'on le tenait en réserve : c'était bien la paire. Et de deux !...

Mais, dans ce siècle de concurrence, on n'est jamais sûr de ses découvertes. Christophe Colomb trouverait cent Vespuce pour un. Voilà un sieur Rocton, marchand aux poirés, venu tout exprès d'un des départemens de l'Ouest pour effacer l'action méritoire du sieur Scherer, et qui, sur le passage du roi, à l'heure de l'attentat, s'avise, au lieu d'un pistolet, d'en ramasser deux !!! Il a fait mieux, il a vu l'assassin au moment où il les laissait tomber !!!

Il faut laisser M. Rocton raconter lui-même.

« Le 19 novembre, dit-il, j'étais sur le Pont-Royal comme le roi passait. Un groupe qui se trouvait là se mit à crier : *Vive le roi!* Le roi mit la main à son chapeau ; au même instant un coup de pistolet partit. Je vis la fumée ; j'étais à quelques pas de l'individu. Le roi dit : Ce n'est rien, et *fila* vers la chambre des députés. Un grand trouble se manifesta ; je vis en ce moment un homme pâle, sans favoris, frais rasé, qui laissa tomber deux pistolets que je ramassai. Je remis l'un à un monsieur de moyen âge, porteur d'un manteau, et *décoré d'une écharpe* ; je remis l'autre à un monsieur jeune, de la suite du roi, et *décoré de la croix d'honneur.* »

Comme on voit, si le crime n'a pas été consommé, ce n'a pas été faute d'instrumens : voilà bien quatre pistolets en ligne de compte. Mais nous ne sommes pas au bout. Nous verrons le sieur Rocton ne pas reconnaître les pistolets qu'on lui présentera, parmi les pièces de conviction, en cour d'assises, pour être les mêmes que ceux qui lui auront été présentés dans l'instruction ; nous verrons la série des pistolets qu'avait antérieurement possédé Bergeron : pistolets de calibre, pistolets de poche, à long ou à petit canon, tous plus ou moins ressemblans, au dire de certains témoins à charge, aux pistolets Didier et Scherer, unique paire à laquelle s'était arrêtée la justice, parce qu'il eût été absurde d'aller au-delà. Enfin, le lendemain et le surlendemain de l'attentat, les pistolets trouvés pleuvaient au ministère de l'intérieur avec une telle abondance, que M. Thiers se vit obligé de leur fermer sa porte, et de défendre d'en plus recevoir à l'avenir.

CHAPITRE III.

Arrestations préventives. — Conspiration des papillottes. — La carabine et
les boîtes à thé. — Collet et Cantineau. — Janety et madame Edouard.
— Pluie d'assassins.

Ce qui importait à l'opinion publique était moins l'instrument
du crime que le criminel. Il fallait lui prouver la réalité de l'attentat. Elle ne doutait pas qu'un coup de pistolet n'eût été tiré
assurément; mais ce coup de pistolet était venu si à point, qu'il
devenait nécessaire de lui montrer au plus tôt la main qui avait
lâché la détente. La police se mit donc en campagne. La cour
royale avait évoqué l'affaire, et, la police aidant, des mandats
d'amener frappaient à tous les domiciles. Tous les membres de
la Société des droits de l'homme que M. Gisquet trouva sous sa
main y passèrent; puis, tous ces hommes de juillet sur lesquels
la police est accoutumée à faire feu à chaque fausse alerte :
Ferdinand Flocon, homme de lettres; Carly, courtier; Do-
neaud, négociant en vins; Bravard, étudiant en droit; Four-
nier, limonadier, l'un des acquittés dans l'affaire *Saint-Méry*;
Gerdès, imprimeur; Prevôt, libraire; Romagny, négociant;
Silvain de Montgiroux, commis marchand; Michel, bijoutier;
Thirion, négociant; Caunes, rentier; Bouffé de Montaubon,
officier; Delorme, bottier; Lambert, menuisier; Desjardins,
homme de lettres; Stouvenel, professeur de mathématiques;
Besquay, vérificateur en bâtimens; Napoléon Lebon, étudiant
en droit; Delaunay, clerc d'huissier; Billiard, commis; Planel, Giroux, étudians en droit; et une foule d'autres, y compris Bér-
geron et Benoist, les seuls qui, finalement, n'aient pas été éla-
gués de la procédure, et qui soient restés au fond du sac.
Parmi le nombre des suspects, Cavaignac ne pouvait être ou-
blié. Ayant appris que la police s'était présentée dans la maison
de sa mère, à Saint-Maur, et dans son ancienne demeure, à
Paris, il se rendit à la préfecture de police pour constater qu'il
n'entendait pas se soustraire aux poursuites dirigées contre lui.
MM. Thiers et Gisquet étaient en conférence. Après avoir attendu vainement une réponse, M. Cavaignac se retira, laissant son
adresse, et les poursuites en restèrent là.
Du reste, toutes ces mesures préventives étaient accompa-
gnées de circonstances où le ridicule le disputait à l'odieux.
Ferdinand Flocon nous en a révélé une partie. Il faut l'entendre nous donner lui-même les détails de son arrestation :
« Perquisition est faite, dit-il; on fouille dans des papiers
entassés chez moi depuis dix ans. On a pris une lettre sans dai-

gner la lire, mais seulement à cause de sa signature (elle était signée Trélat). On a saisi quelques brochures, un fusil de chasse, une carnassière, deux poires à poudre, des chévrotines, des balles, et deux sacs de plomb n° 8, qui sert à tirer des allouettes.

« Il n'y a pas un chasseur chez lequel on ne trouve un fusil, de la poudre, quelques balles et du plomb.

« Cette perquisition a duré depuis six heures jusqu'à dix heures du matin, et elle n'a encore amené aucun résultat.

« Enfin, dans les cendres du foyer, le commissaire aperçoit une lettre à demi déchirée ; il la relève, la défrippe, et ses yeux s'animent; la joie se peint dans ses traits. Enfin, s'écrie-t-il en se frottant les mains, enfin voici quelque chose !

« Et il lit... : *Un secret...*, *la duchesse de Berri...*, *les agents secrets...*, *inertie du gouvernement...*, *audace des conjurés...*, *un succès certain.*

« Ah ! pour le coup nous voilà sur la trace d'un complot bien noir, bien redoutable ; et qui sait si nous ne pourrons pas cette fois appuyer par une preuve quelconque la fameuse alliance des carlistes et des républicains ? Cherchons donc les fragmens détachés de cette lettre mystérieuse.

« On cherche ; moi-même j'aide MM. de la police, et nous ne trouvons rien. Mais tout à coup M. le commissaire s'avise, une idée soudaine illumine son cerveau.

« Madame, voulez-vous ôter vos papillottes ? — Mais, monsieur, on n'a guère envie de se coiffer si matin. — Madame, AU NOM DU ROI !!...

« Je joins une prière maritale aux injonctions des magistrats, et les papillottes séditieuses sont remises au représentant de l'autorité royale.

« En effet, elles se raccordent parfaitement avec la terrible lettre, et nous lisons :

Toulon, 1831.

« On parle ici, *en secret,* de la prochaine arrivée de la *duchesse*
« *de Berri* dans le Midi ; on assure même qu'elle a déjà, dans
« nos contrées, une foule *d'agents secrets.* Les patriotes ne com-
« prennent rien à *l'inertie du gouvernement,* et ils tremblent pour
« le pays en voyant s'augmenter chaque jour *l'audace des conju-*
« *rés,* qui ne daignent pas même cacher leurs projets, et qui se
« flattent tout haut d'un *succès certain.* C'est la guerre civile qui
« nous arrive. On dirait que le pouvoir s'étudie à favoriser les
« manœuvres des ennemis de la France : il opprime les patrio-
« tes ; il cherche, par tous les moyens possibles, à tuer leur éner-
« gie ; et il caresse, il flatte, il encourage les carlistes... »

« Ainsi s'évanouit la formidable conspiration, et comme, dans
ce temps-ci, les complots sont si nombreux qu'on ne sait déjà
plus les reconnaître, je propose d'appeler celui-ci la conspira-

tion des papillotes, pour la distinguer des autres conjurations dont nous aurons à parler plus tard. »

Voilà pour le ridicule ; l'odieux jaillit surtout de l'instruction. Il y a eu deux sortes d'interrogatoires : les uns légaux et réguliers, les autres extra-légaux, ou du moins extraordinaires. Après les conseillers instructeurs délégués par la cour royale, MM. Thiers, Gisquet et Persil se firent amener les prévenus, non seulement pour les interroger, mais pour les invectiver lâchement. Caunes, Lambert, Giroux, Laponneraye, entre autres, eurent à essuyer ces outrages ; Laponneraye, que, depuis long-temps, la police tenait sous ses verroux, et qui se voyait, lui aussi, accusé de l'horrible attentat !

Au reste, on sentait tellement la nécessité de trouver un coupable, que, long-temps même avant le 19 novembre, la police était à sa recherche. Dès le commencement de la semaine précédente surtout elle avait fait toutes sortes de démarches pour s'assurer de la présence à Paris de la plupart des prévenus que nous avons nommés. A deux heures dix minutes, d'après l'acte d'accusation, le cortége descendait l'escalier des Tuileries ; à deux heures et un quart, Napoléon Lebon était arrêté chez lui, près de l'Odéon, en vertu d'un mandat signé et délivré à la préfecture de police. Ce fut la police qui lui apprit l'histoire, bien fraîche encore, du Pont-Royal, et en même temps la part qu'il y avait prise. Aussi le juge d'instruction lui avoua-t-il, en le voyant, que l'interrogatoire qu'il lui faisait subir *n'était que pour la forme*, car rien de ce qu'il avait sous les yeux ne pouvait servir à former une accusation ; seulement on le retint huit jours encore au secret, parce que *le hasard ou la suite de l'instruction générale* pourraient fournir le moyens de conviction qui manquaient encore.

Avec ce système, il n'est pas étonnant qu'on en revînt sans cesse, dans ces interrogatoires, à des choses étrangères au chef d'accusation. Un des prévenus, homme de sens, mais peu accoutumé aux formes de la justice, objecta qu'étant accusé d'un fait spécial, son interrogatoire ne devait servir qu'à prouver sa participation ou sa non-participation à ce fait. « On le fera servir à cela ou à autre chose, » lui répondit-on.

En vérité, on ne sait que penser de tant d'ouvrage en pure perte. Chose incroyable ! on connaissait le coupable depuis plus d'un mois !... Oui, depuis plus d'un mois : dès le 17 octobre l'autorité était prévenue, grâce au zèle du dragon Vieussens, que Bergeron, qui s'était battu en juin, et qui avait à sa disposition une paire de pistolets, devait tenter un coup très prochain. Il y a mieux, le 14 novembre la police était avertie du jour précis où ce grand coup devait être tenté : les nommés Collet et Cantineau, faux-frères de la Société des droits de l'homme, étaient allés de compagnie déclarer à M. Nay, chef du cabinet particulier du préfet de police, qu'il y avait un complot tout tramé pour attenter à la vie du roi dans la journée du 19 ; ils avaient nommé Bergeron, Billiard et Giroux ; l'arme dont on devait se servir était une petite carabine qu'on tenait cachée derrière les boîtes à thé, dans le magasin de l'épicier en gros où Billiard était employé. Ajoutez à cela que, perquisition ordonnée, la carabine avait été trouvée à la place indiquée. Eh bien ! Bergeron et Giroux ne furent pas arrêtés, on se contenta de Billiard et de la carabine ; toutes les arrestations dont nous avons parlé plus haut précédèrent même de plusieurs jours celles de Giroux et de Bergeron, sur les traces desquels la police dut au moins se porter en masse toute la journée du 19, sans pouvoir (admirez son habileté !) les prendre sur le fait, et qu'on ne songea à arrêter que quatre ou cinq jours après l'événement...

Chose incroyable ! on était instruit d'avance aux Tuileries ; au moment où le cortége allait se mettre en marche (c'est M. le colonel Raffé qui l'a déclaré dans sa déposition), qu'on devait à son passage tirer sur le roi... Et les assassins, dont la police n'ignorait ni les noms ni le domicile, étaient encore libres le 23 !...

Enfin les voilà pris ! Collet et Cantineau sont là pour les reconnaître ; Collet et Cantineau, dont les noms de guerre à la préfecture de police étaient Perrot et Fevrier. A la vérité Billiard et Giroux ont échappé à ces terribles témoins dans le cours même de l'instruction, qui, comme nous avons vu, ne péchait pas cependant par excès d'indulgence ; mais reste toujours Bergeron, qui semble devoir payer pour tout le monde, et qu'un témoignage inattendu, celui d'un jeune homme de vingt ans, se disant *son ami intime*, allait, disait-on, accabler.

Ce témoin, cet ami, est Janety aîné. Il appartient à une famille honorable. Orphelin dès son bas âge, il a été élevé par sa grand'mère maternelle et par ses oncles, qui, pour le soustraire à certaines liaisons avec une certaine dame Edouard, que nous ferons connaître plus tard, l'ont déterminé à s'engager au service militaire. La justice l'a fait citer le jour même où il devait partir pour son régiment.

Or Janety est plus positif que personne. Le 19, au matin, dit-il, je devais me trouver avec Bergeron, dont je suis le camarade de collége, à un rendez-vous qui m'avait été donné par Planel au Palais-Royal. J'oubliai le rendez-vous ; mais, m'étant rendu sur le boulevart Italien, j'y rencontrai Planel, qui me dit qu'il venait de quitter Bergeron à l'instant même, que son agitation était extrême, qu'il avait l'air d'un fou, et qu'il ne lui avait pas caché la disposition où il était de tirer un coup de pistolet sur le roi. Nous nous dirigeâmes, Planel et moi, vers le Pont-Royal, pour voir le cortége ; nous fûmes nous placer près du bâtiment en construction sur le quai d'Orsay. Un coup de pistolet fût tiré, et il se manifesta un grand trouble. Comme nous nous doutions de qui partait le coup , nous nous reportâmes sur le Pont-Royal , pour nous procurer des renseignemens plus précis : il nous fut impossible de rien apprendre. Nous continuâmes à suivre les quais, et, entre la rue des Petits-Augustins et le pont des Arts, nous rencontrâmes un jeune homme nommé Delaunay, qui apprit à Planel qu'un individu avait été arrêté, et qu'il avait vu un pistolet entre les mains d'un garde municipal. Planel demanda quelle était la forme du pistolet, et, sur la description qui lui en fut faite, il ajouta qu'il connaissait l'individu à qui il appartenait. Nous continuâmes à suivre les quais ; sans avoir de nouvelles de Bergeron ; mais, près du Pont-Neuf, nous rencontrâmes Benoît, que je ne connaissais pas, qui nous apprit qu'en effet Bergeron avait tiré le coup de pistolet, qu'il avait montré beaucoup de sang-froid, etc.

Voilà sans doute une bien belle page pour l'accusation : voyons le revers. Ce Janety, qui dépose d'une manière si candide, est représenté par toute sa famille, ses oncles, son frère, sa sœur, comme un hableur de profession, incapable toutefois, ajoutent-ils, d'aucune bassesse, mais d'un caractère faible et facile à entraîner. Or, Janety vit sous la domination de la dame Edouard, dont le mari habite Pondichéry, et qui s'est trouvée, de son propre aveu, n'être qu'une brelandière, tenant ci-devant table d'hôte et de jeu rue d'Anjou-Dauphine, avec circulaires pour attirer les chalans. Janety ne s'est engagé qu'à la condition d'une somme de 1200 fr. à lui remise par sa famille, soi-disant pour payer ses dettes, mais presque aussitôt employée avec la dame Edouard *en bonnes actions.* « Et quel intérêt, demande le ministère public, a pu l'inspirer ? — Quel intérêt ? répond la défense : on va vous le dire. Où donc était-il le 8, lorsqu'on vint le chercher, que la voiture était prête, que l'heure du départ avait sonné, que cette liaison si funeste allait se rompre? Demandez à madame Edouard, c'est elle qui va vous l'apprendre... Il est chez le ministre, a-t-elle dit... En vain voudrait-elle aujourd'hui, par des explications assez ridicules, réparer les torts de son indiscrétion... Mais son adresse s'est trahie, et personne n'accepte l'explication... Oui, le 8 novembre, il était chez le ministre ; madame Edouard l'y avait dépêché... C'est là que se faisaient les répétitions de la pièce dont vous êtes les spectateurs... Et, le 11 du même mois, lorsque tous les retards devenaient impossibles, qu'il fallait enfin partir, alors arrive la citation, et Janety se trouve retenu à Paris. L'intérêt, le voit-on maintenant : intérêt de toute sorte, que devait satisfaire la révélation que le témoin avait promise à l'accusation ; intérêt de passion chez un jeune homme de vingt ans, qu'une femme a séduit et fasciné; intérêt d'argent chez madame Edouard, qui exploitait en espérance le faux témoignage de Janety : les 1200 fr., prix de l'engagement, étaient déjà mangés.

Au surplus, nous entendrons madame Edouard elle-même ; pour le moment ne perdons pas de vue l'assassin. Janety nous l'a bien désigné, mais il n'était pas le seul qui en eût des nouvelles. Nous avons vu que mademoiselle Boury l'avait saisi par le bras, que M. Rocton l'avait surpris laissant tomber son arme. O ténèbres ! l'assassin selon Janety n'est plus le même que l'assassin selon Rocton, et l'assassin selon Rocton diffère de l'assassin selon Boury. « Le mien est brun, dit mademoiselle Boury (Bergeron est blond). — Le mien est frais rasé, dit M. Rocton (Bergeron n'a jamais eu de barbe). — Un moment, un moment ! s'écrient trente commères à la fois ; et nous aussi, nous avons vu l'assassin ! — Le mien avait quatre pieds et demi, dit mademoiselle Finot (Bergeron est plus bel homme).—Le mien avait le teint basané et une redingote olive, dit madame Sentin (Bergeron a le teint clair). — Le mien avait de petites moustaches noires, des favoris de même couleur en collier, et une redingote bleue, dit madame Martin. — Le mien a les cheveux roux, dit M. Faivres. — Le mien a les cheveux noirs, dit M. Vatin. — Quant au mien, dit M. Dupuis, cordonnier à Belléville, qui, par état, regarde plutôt aux pieds qu'à la tête des gens, j'ai vu la semelle de ses souliers dans la foule. » D'où il suivrait qu'il n'y aurait pas un assassin, mais qu'il y en aurait cinquante, et que le régicide devient plus commun qu'on ne croit.

CHAPITRE IV.

Perplexité du ministère public. — Les favoris postiches. — La procédure débarrassée. — M. Rocton récalcitrant. — Pluie de redingotes.

« Attendez ! s'était écriée l'accusation : si ce n'est lui, c'est son complice ; nous en avons pour tous les goûts. Vous, mademoiselle, qui voulez du brun, passez de ce côté, contemplez Benoit. — Ce n'est pas cela. — Et vous, madame ? — Il y a quelque chose. — Et vous, monsieur ? — Approchant. — Ce serait donc celui-ci qui aurait tiré ? — Plutôt que l'autre. — Diantre ! Et Janety qui est si sûr de son fait !

— Attendez encore, nous avons quelque autre chose à vous montrer par ici : que dites-vous de ça, mademoiselle ? — Mais... ça lui ressemble... — Oh ! oh ! — Cependant je n'ose affirmer. — Et vous, madame ? — J'ai déjà dit que le mien avait des favoris en collier. — Qu'avez-vous fait de vos favoris, prévenu Giroux ? — Je les ai coupés. — Mandons et ordonnons que des favoris postiches seront appliqués au prévenu, afin qu'il ne puisse échapper aux témoins qui l'ont vu tirer sur le roi. »

Et, sérieusement parlant, la mascarade eut lieu. Giroux fut affublé de favoris d'emprunt, et, à son aspect, la femme Martin de fondre en larmes : « C'est lui ! s'écrie-t-elle ; c'est bien lui ! Ah ! bon Dieu !... — Ecrivons, dit le juge. Voilà pourtant ce pauvre Janety coulé. »

Mais la femme Martin n'avait pas vu Benoit ; on le lui confronte. « Ah ! Dieu de Dieu, s'écrie-t-elle toujours en pleurant, voilà-t-il pas, que je me suis trompée ! Ce n'est pas l'autre, monsieur le juge, c'est celui-ci qu'est l'assassin ! je le reconnais, pour le coup ! Hélas ! doux Jésus ! c'est-il ben ça. — Ecrivons, dit le juge. Mais tout cela ne remonte pas sur l'eau ce pauvre Janety. »

Cependant Janety était le témoin important : il s'exprimait avec un rare aplomb et ne se déconcertait jamais. On concevra aisément la perplexité du ministère public au milieu de ce dédale de preuves, alignées dans tous les sens, et s'excluant les unes les autres. Ne semble-t-il pas voir l'âne de la fable entre deux mesures ? Mais le ministère public ne mourra pas, de peur de faire un choix.

Décidément c'est Janety qui sera le témoin privilégié. Il faut d'abord éconduire mademoiselle Boury, qu'on avait tant célébrée, et qui persiste à ne pas reconnaître les prévenus. On la confronte avec la demoiselle Finot, la femme Martin, la veuve Sentin, le cordonnier Dupuis, etc., dont les dépositions, comme nous avons vu, ne s'accordent guère, mais qui sont unanimes cette fois pour déclarer ne l'avoir pas aperçue sur le Pont-Royal. « L'assurance de ces témoins, qui ne s'est jamais démentie, dit l'accusation, les détails qu'ils donnent sur leur position respective et sur celle du coupable, rendent difficile à comprendre et à expliquer la déposition de la demoiselle Boury, que personne n'a vue sur les lieux, quoique l'espèce de lutte qu'elle dit avoir soutenue avec l'assassin eût dû la faire remarquer. Néanmoins c'était un devoir, dès le principe, de constater cet étrange incident, et d'en *débarrasser* la procédure, qu'il pouvait *gêner*, sans lui fournir aucune nouvelle lumière. »

Ainsi passe et s'évanouit la gloire du monde. On renie maintenant celle dont tous les courtisans du juste-milieu ont voulu porter les couleurs. Elle n'obtiendra pas même son bureau de poste. L'orange est rebutée parce qu'on n'a pu lui faire rendre du jus. Eh bien! nous l'avouerons, en dépit du ministère public, nous sommes de ceux qui croient au dévouement de mademoiselle Boury au moment de l'attentat, qu'elle a dû prendre pour une bien triste réalité, car la vue ici exclut la réflexion. Quoi qu'il en soit, mademoiselle Boury fut mise de côté, la procédure, comme dit M. Persil, en fut *débarrassée*.

Restait le témoin Rocton, dont les deux pistolets faisaient encore surcharge après l'histoire de Janety, et dont il était cependant impossible de contester la présence sur le Pont-Royal, attestée par d'autres témoins. Que faire? lui persuader qu'il s'était trompé, qu'il s'était fait illusion, et qu'il avait pris pour vraie une aventure qu'il avait sans doute rêvée; en d'autres termes, essayer d'obtenir une rétractation.

Rocton s'en est expliqué lui-même en plein tribunal avec une franchise remarquable. « Appelé chez M. le préfet de police, dit-il, je le trouvai entouré de cinq à six commissaires, qui me demandèrent l'un après l'autre et avec l'accent de la fureur: — Me reconnaissez-vous? — Et moi? — Et moi? — Comme je n'en connaissais aucun, je le déclarai; d'ailleurs, je fis observer qu'outre la personne que j'avais prise pour un commissaire de police, et à laquelle j'avais remis l'un des pistolets, j'avais encore désigné un jeune homme de vingt-cinq ans environ, officier d'état-major, portant de petites moustaches blondes, à qui j'avais remis l'autre. Alors on me présenta un garde national de quarante-cinq ans, avec de gros favoris noirs et de grandes moustaches noires. Je ne pus pas reconnaître celui-là plus que les autres. Alors M. le préfet de police entra dans une grande colère; il me dit: Vous voyez bien que vous êtes un imposteur; rétractez-vous, ou je vous fais jeter en prison; et Dieu sait quand vous en sortirez. — Je répondis à M. le préfet que j'avais dit la vérité; que ses menaces ne m'arracheraient pas une rétractation; qu'un soldat qui compte dix-huit ans de service ne connaissait pas la peur. Là-dessus je me retirai. »

« Cependant, comme cette affaire m'avait retenu à Paris beaucoup plus long-temps que je ne croyais y rester, mes fonds baissaient. Je demandai une audience à M. le procureur-général, qui me l'accorda. Je lui exposai ma situation, et lui demandai si je pouvais partir, ou bien si je devais écrire chez moi pour qu'on m'envoyât de l'argent. M. le procureur-général me répondit qu'il n'avait le droit ni de me permettre ni de m'empêcher de partir. — Rocton, ajouta-t-il en souriant, avouez que vous avez cru ramasser les pistolets, et que vous les avez tout simplement vu ramasser par un autre. — Monsieur le procureur-général, lui répondis-je, j'étais ce jour-là dans mon bon sens comme aujourd'hui; le moyen que vous employez ne réussira pas plus que celui dont s'est servi M. le préfet de police. J'ai dit la vérité, et je la soutiendrai jusqu'à la mort.

« Voilà, messieurs les jurés, continue Rocton, ce qui s'est passé : je n'ai rien inventé, rien supposé; j'en suis incapable. Oui, j'ai dit la vérité; je le jure devant Dieu et devant les hommes! »

Eh bien! nous croyons encore à la sincérité de Rocton. Sa déposition n'a rien de contradictoire avec la déposition de mademoiselle Boury, comme on pourrait le croire au premier abord. Rocton peut avoir vu tirer le coup, les pistolets tomber à terre, sans avoir, dans la foule, aperçu mademoiselle Boury, masquée par le régicide, dont elle venait de détourner le bras : non que nous voulions nous charger de mettre d'accord ces témoins; c'est une tâche, qui ne nous appartient nullement; mais nous nous demandons quel intérêt aurait pu les porter à mentir et à se mettre si peu en harmonie avec l'accusation.

Il y a eu, nous ne disons pas de nos jours, des exemples de témoins achetés; ici c'est un témoin qu'on ne peut réduire au silence. Mais, ô bonheur! ce n'était pas la peine de le tant presser... Voici venir mademoiselle Cruchon, femme Peyronnet, qui était avec MM. Besacier et Rocton sur le Pont-Royal. Elle a entendu le coup, elle a vu la fumée, elle a perdu Rocton dans la foule. Quand ils se sont retrouvés, et de retour à leur domicile, Rocton lui a dit, à la vérité, avoir ramassé deux pistolets; mais il lui a avoué dans la suite qu'il n'avait rien ramassé; qu'il ne s'était vanté de sa trouvaille que pour faire parler de lui, etc.

Et l'accusation de se frotter les mains, comptant que, pour coup, le revêche Rocton va se tenir bouche close. Vain espoir! Rocton est plus tenace que jamais. « C'est faux, s'écrie-t-il indigné; c'est faux! Où est-elle donc cette femme Peyronnet, que je la confonde? — *Ce témoin n'a pu être trouvé*, répond l'accusation; lisez plutôt sa déposition écrite. »

Il n'y a plus de déposition en ce cas : car nous savons qu'on y attachait assez d'importance pour ne point perdre de vue le témoin qui l'avait faite; ce témoin, du moment qu'il ne pouvait être confronté, était non avenu. Mais l'impitoyable Rocton a pris ses renseignemens, et il veut faire connaître qui l'accuse : la femme Peyronnet n'est qu'une moucharde qu'il a eu occasion de voir, sans la connaître, en Vendée, où elle était à espionner la duchesse de Berri ; Peyronnet était un nom de guerre qu'elle avait choisi comme bien sonnant parmi les entourages de la duchesse ; elle se nomme Martereau, et son mari, condamné pour faux, est provisoirement aux galères.

Ne dirait-on pas, quand on considère la manière dont l'accusation a été construite, un dramaturge choisissant ses sujets, et combinant l'effet qu'ils doivent produire? Le canevas Rocton ne l'a jamais séduite, parce qu'il venait en même temps que le canevas Boury, bien autrement théâtral. Mais ce dernier a été accueilli avec un enthousiasme tout poétique, et il n'a fallu rien moins que le canevas Janety pour faire oublier cette première passion.

Pour être conséquente, toutefois, l'accusation aurait dû se *débarrasser* aussi des commères qui avaient toutes vu l'assassin d'un œil si différent, et dont les dépositions cadraient assez mal avec celle de Janety ; mais elle ne put se résoudre à jeter ainsi toutes ses richesses au vent ; il fallait bien quelques témoins qui parlassent *de visu*, car Janety ne parlait que par ouï-dire ; et puis, avec un peu d'habileté on pouvait disposer ces témoignages de telle sorte que, lorsqu'ils ne s'accorderaient pas sur un point, ils s'accordassent sur un autre ; et, pour celui qui les invoquerait, il ne s'agissait plus que d'avoir l'esprit présent, ne rien embrouiller, et citer juste. Ainsi Bergeron, si positivement accusé par Janety, étant blond, on n'en appellerait pas au témoignage de la femme Martin, par exemple, sur sa chevelure ; le sieur Faivres, qui avait vu un assassin roux, déposerait de ce fait ; l'assassin brun de la femme Martin s'adapterait pour le moment à Benoit, quoiqu'il ne soit que le complice ; on ne prendrait à la femme Martin, pour le compte de Bergeron, que sa redingote bleue, qui paraît *bleuâtre* à l'accusation, et qui dès lors ne laisse pas d'avoir du rapport avec la redingote olive de la demoiselle Finot, appelée *olivâtre* toujours par l'accusation. D'un autre côté, la redingote olivâtre doit être la même à peu de chose près que la redingote verte, *verdâtre* aux yeux de l'accusation, de je ne sais plus quelle autre commère, la veuve Sentin, je crois ; et, pour peu qu'on veuille y réfléchir, on concevra l'analogie parfaite de la redingote verdâtre avec la redingote jaune-serin des témoins Faivres ou Wattin, n'importe lequel, et qui devait être *jaunâtre*, dit M. Persil, ainsi que toute redingote verdâtre au reflet du soleil. Il suit de là que les redingotes bleuâtre, olivâtre, verdâtre et jaunâtre, sont tout-à-fait identiques, et l'on cesse de s'étonner que l'accusation n'ait pas *débarrassé* la procédure de témoignages à ce point d'accord.

CHAPITRE V.

Les assises. — Incidents. — Cavé et Danhiès. — Le jeune républicain. — M. Duboys (d'Angers) et M. Persil. — Le quart d'heure de grâce.

Arrivons au dénouement. Sur les bancs de la cour d'assises, en présence du jury, se trouvent deux jeunes gens dont le calme, la physionomie franche et ouverte, contrastent singulièrement avec l'idée du crime qu'on leur impute : l'un, Bergeron, âgé de vingt-deux ans, élève en droit et répétiteur à l'institution de M. Reuss, à Paris, est accusé d'assassinat; l'autre, Benoit, âgé de vingt-huit ans, médecin à Chauny, est accusé de complicité.

Nous savons quelles charges pèsent sur eux; nous connaissons les témoignages, les indices sur lesquels l'acte d'accusation, véritable chef-d'œuvre en ce genre, a été bâti; mais ce sont les débats surtout qui ont fait ressortir l'habileté de ce chef-d'œuvre. Il fallait entendre lire ce fatras de pièces péniblement élaborées, il fallait entendre toutes ces dépositions incohérentes, pour se représenter exactement tout ce qu'on a perdu d'adresse, de soins, de rapprochemens ingénieux, d'inductions subtiles, d'interprétations étudiées, pour élever un pareil échafaudage avec les matériaux fournis par l'instruction. L'acte d'accusation du *coup de pistolet* fera certainement époque : les Bellart et les Marchangy n'ont rien fait d'approchant; la quasi-légitimité peut en remontrer à la légitimité sur ce point. Honneur donc à M. Persil! à lui la palme du réquisitoire!

Bergeron donne le détail de tout ce qu'il a fait dans la journée du 19. Toutes les circonstances qu'il indique, tous les faits qu'il énonce, sont attestés et confirmés par des témoignages nombreux et honorables. Il a déjeuné au cabinet littéraire de la rue Jacob; la famille entière du propriétaire de ce cabinet dépose devant la justice que c'est au moment même où on était à table que la nouvelle du coup de pistolet a été apportée.

A ces preuves le ministère public oppose le témoignage d'un jeune homme perdu de dettes, dont la conduite n'est rien moins qu'irréprochable, qui a la réputation d'un menteur fieffé, au dire même de sa famille, réduite à le faire engager pour le soustraire à la domination d'une intrigante de bas étage, qui l'a perdu : Janety aîné est invoqué envers et contre tous. M. Alix, sous-directeur de la pension Reuss, lui rappelle en vain une conversation qu'il a eue dans la salle d'attente, chez le juge d'instruction, avec le frère de Bergeron : « Ils m'ont embrouillé, disait Janety; ils m'ont dit : C'est Bergeron qui a tiré, votre frère l'avoue, le fait est prouvé. Ils m'ont tenu pendant trois heures, je n'avais plus la tête à moi. — Mais Bergeron est-il coupable? — Mon Dieu, non; je suis sûr que c'est un coup de la police, et cependant j'ai compromis ce pauvre Bergeron. »

Comparera-t-on Janety aîné à M. Alix, à cet homme qui honore des fonctions honorables par un caractère long-temps éprouvé? On a parlé du calme de Janety; le ministère public a voulu voir là un signe de la vérité. Nous l'avons vu, nous, ce témoin à l'esprit si présent, au maintien si paisible : mais est-ce donc avec cette glaciale indifférence qu'un jeune homme de vingt ans vient déposer contre un ami? n'a-t-il donc pas éprouvé quelque émotion déchirante? a-t-il du moins jeté quelque regard de pitié sur les bancs où il a traîné Bergeron ? Il est arrivé la tête haute, le front levé, la parole facile, affectant le ton léger et dédaigneux d'un fashionable de collège.

Il a encore de l'honneur, a-t-on dit. Dieu veuille que son avenir soit à lui, mais son présent est jugé. Qu'il y prenne garde cependant : l'honneur ne se tient pas long-temps sain et sauf avec la femme Edouard! La femme Edouard, tenant chez elle brelan pour des écoliers, usant de son expérience pour séduire leur raison et corrompre leur cœur; la femme Edouard et Janety, voilà les deux individus qui sont venus avec une misérable affectation se donner mutuellement des brevets d'innocence, de sensibilité et de vertu.

On se rappelle que Janety a soutenu avoir appris de Planel le terrible projet de Bergeron, en avoir acquis la quasi-certitude sur la description du pistolet vu entre les mains d'un garde municipal par Delaunay, et la certitude entière par la déclaration de Benoit.

Cette déclaration, dont l'invraisemblance résulte évidemment de l'intérêt qu'aurait eu Benoit à ne pas commettre d'indiscrétion, surtout en présence d'un témoin qu'il ne connaissait pas, est présentée par l'accusation comme accablante pour les prévenus. En vain Planel, Delaunay et Benoit, contredisent par leur dire la déposition de Janety; en vain le jeune frère de Janety et toute sa famille redisent à l'audience des circonstances qui sont de nature à le mettre en contradiction avec son témoignage, à établir *qu'il s'est vanté d'avoir commis lui-même l'attentat :* bagatelle! M. Persil n'en tient aucun compte; selon lui, Janety aîné seul a dit la vérité.

Ajoutez que Janety avait reçu bien d'autres confidences. Planel lui avait dit qu'on s'occupait d'arranger un alibi pour Bergeron, alibi mensonger évidemment, puisqu'ils savaient bien à cet égard à quoi s'en tenir l'un et l'autre. Mademoiselle Lucas, l'amie de Bergeron, qui n'avait jamais vu Janety, se serait prudemment empressée de rassurer ce dernier en lui apprenant que Bergeron s'était fait couper les cheveux, qu'il avait mis une cravate jaune, et envoyé sa redingote chez son tailleur pour la raccourcir. Et l'on se récriera si Janety, témoin universel, qui répond à tout, est si tendrement choyé par l'accusation !

Mais, dans ce procès inqualifiable, les débats ne devaient pas le céder à l'instruction : il fallait du dramatique à tout prix. Les péripéties avaient été ménagées pour chaque audience. Le dragon Vieussens avait terminé la première, Janety aîné la seconde, la femme Edobard et le garde municipal Cavé la troisième. Arrêtons-nous, car nous n'avons encore rien dit de Cavé.

Nous n'en avons rien dit, parce que ce témoin est un fait imprévu dans la cause, un incident qui n'a jailli qu'au dernier moment. C'est à la lecture des journaux qui rendaient compte du procès que Cavé est accouru prêter main-forte au ministère public, se souvenant que dans le courant du mois de juin précédent il s'était trouvé chez le portier de M. Reuss avec Bergeron, qui lui avait avoué familièrement s'être battu dans les journées du 5 et du 6, et avoir visé de son pistolet le roi au passage, pour le *descendre*, et qui avait ajouté que Sa Majesté ne perdrait rien pour attendre. « Je déclare, sur l'honneur, s'écrie Bergeron, que tout est faux dans cette déposition, et que cet homme ne m'a jamais parlé. Ce serait aussi par trop absurde que j'eusse été de but en blanc le faire le confident de mes projets. MM. les jurés peuvent juger entre nous deux, entre moi et un homme qui arrive au dernier moment, et on ne sait d'où, pour donner le coup de pied de l'âne à un accusé sur les bancs. »

Cavé, aujourd'hui dans la garde municipale, naguère dragon, comme Vieussens, qui voulait y entrer, manqua tout-à-fait le coup de théâtre. Après Vieussens, Cavé était une superfétation.

Un puissant ressort était encore en réserve pour l'audience du lendemain. Danhiès, témoin retardataire, inattendu, mais annoncé avec solennité par le ministère public à l'ouverture des débats, Danhiès va comparaître. C'est un homme de quarante-six ans, très défiguré, le visage couvert de taffetas, et le nez rongé. Il déclare être un ancien commis de la marine au Sénégal. « Le 4 novembre, dit-il, je suis entré dans la maison de santé de M. Dufresnoy ; j'ai eu plusieurs fois occasion d'y voir M. Bergeron : il venait y donner des leçons de latin aux enfans. J'entendais quelquefois des détonations d'armes à feu dans le jardin. Quelques jours après mon arrivée, j'en demandai la cause à la maîtresse de la maison. Elle me dit que c'était un *jeune républicain* qui s'exerçait au pistolet. — Si vous voulez descendre, ajouta-t-elle, vous vous amuserez aussi. — Je lui répondis que cet amusement n'était plus de mon âge ; cependant je descendis au jardin, je pris un pistolet des mains du jeune

Dufresnoy, et je dis à ces messieurs : Vous faites là un jeu d'enfant. Les pistolets, en effet, avaient une tendance à relever, et d'ailleurs les balles marquaient en avant du mur bien au-dessus de la planche qui servait de but.

« Ma déposition n'est inspirée par aucun motif; elle ne peut être suspectée; mais je dois dire autre chose : le jour où Bergeron est sorti du secret, madame Dufresnoy l'a été voir à la Conciergerie; elle a fait fondre en rentrant douze ou quatorze balles de plomb sur une pelle à feu. Je lui ai fait remarquer que les enfans pourraient se brûler, et qu'il vaudrait mieux les aplatir. Elle me répondit qu'elle avait ses motifs pour les faire fondre. Je pensai que c'étaient des balles provenant de Bergeron. »

Eh bien ! ce Danhiès, que l'accusation a traîné pour ainsi dire à sa remorque, semble n'être arrivé si tardivement aux débats que pour recevoir des démentis. Dès lors, et comme il n'est pas doué de l'assurance de Janety, il va toujours en s'amincissant; il cherche à s'effacer lui-même dans ces débats où l'accusation lui destinait un si grand rôle. Le pauvre diable est discuté par ses mensonges. Et d'abord il joue la comédie; on le voit interroger sa mémoire, faire des efforts de logique pour reconnaître les pistolets qu'il a vus et examinés dans l'instruction. On lui demande s'il a lu l'acte d'accusation, il nie l'avoir lu; puis viennent six témoins qui vous déclarent que Danhiès a lu l'acte d'accusation, non seulement pour lui, mais pour la compagnie qui l'entourait. Convaincu d'imposture, il ne nie plus, mais il accuse sa mémoire, il ne se souvient plus;... il est possible qu'il ait lu l'acte d'accusation. Vous étiez au jardin? lui demande-t-on. Il affirme qu'il y était. On lui prouve qu'il n'y était pas : il répond qu'il n'y est resté que fort peu de temps. Il a pris un des pistolets des mains de l'enfant de madame Dufresnoy : cet enfant était à Auteuil. Un témoin établit que Danhiès est entré dans la maison de santé le 4 novembre; qu'il n'a pas entendu les coups de pistolet tirés antérieurement, et il est constant que depuis le 4 novembre, on n'a tiré qu'une fois : or, si on n'a tiré qu'une fois, il faut qu'il soit reconnu par ceux qui étaient présens. On appelle Metzinger, le camarade de Bergeron, qui ne professe pas, lui, des opinions républicaines, que Bergeron hésitait à nommer, pour lui éviter une comparution qui répugnait à sa famille. On lui présente Danhiès, qui est certainement bien reconnaissable : le témoin ne le reconnaît point. Il faut bien le dire, il résulte de toutes ces contradictions que Danhiès a menti à la justice.

On aura sans doute remarqué ces mots que nous avons soulignés dans la déposition de Danhiès : *un jeune républicain !* Ces mots avaient leur portée. C'était bien la république en effet qu'on avait eu l'intention de mettre en cause dans la personne de Bergeron. Nous avons vu les dragons Vieussens et Cavé donner l'accusé comme un des insurgés des journées de juin, où la république s'était seule montrée. Mais, par cela même, il y avait, pour les personnes de bon sens et de bonne foi, une distinction honorable à faire : les républicains savent se battre comme aux barricades, mourir comme à Saint-Méry; ils ne savent pas assassiner! Pourquoi donc appelleraient-ils le meurtre à leur secours? La liberté qu'ils espèrent est fille du temps, et l'avenir est à eux.

Les antécédents de Bergeron, on les invoque contre lui. Il a combattu au mois de juin? il ne s'en défend pas; il est républicain? il s'en fait gloire; il est l'ennemi personnel de Louis-Philippe, il a dit qu'il fallait l'assassiner? non : aujourd'hui on ne tue plus les rois, on les chasse; Bergeron s'en est expliqué lui-même d'ailleurs. « Nous n'estimons pas le roi assez haut, a-t-il dit à ses juges, nous ne le jugeons pas un ennemi assez puissant, s'il venait à être renversé, pour songer à lui ôter la vie; nous le renverrions avec sa fortune où bon lui semblerait. »

Nous ne saurions le dissimuler, l'accusation, soutenue par M. le procureur-général Persil, et on pourrait dire par M. le président Duboys (d'Angers), quelques efforts que fit ce dernier pour s'en défendre, a montré, dans tout le cours de ce procès, une partialité bien aveugle. Parmi les cent trente témoins cités à la requête du ministère public, quelques uns ont déposé de manière à se mettre en contradiction avec leur déposition recueillie par le juge d'instruction : eh bien! on a fait arrêter comme prévenus de faux témoignages ceux dont le dire à l'audience ne confirmait pas les charges de l'accusation; on n'a requis aucune mesure contre ceux qui venaient audacieusement déposer de faits et de circonstances argués de faux par d'autres témoignages!

Langlard a soutenu à l'audience que ce qu'on lui avait fait dire dans sa déposition écrite n'était pas exact, bien qu'il l'eût signée: il a été arrêté.

Danhiès a prétendu reconnaître les pistolets de Bergeron ; il cite à l'appui de son témoignage des circonstances qui sont évidemment inventées; il invoque des témoins qui viennent le démentir; tout ce qu'il invoque tourne à sa confusion, et cependant il reste en liberté.

Le lendemain de cet incident, deux autres témoins à décharge, Giroux et Milon, ont été arrêtés sur la simple dénonciation des agens de police Collet et Cantineau, qui se sont plaints d'avoir été menacés.

Pour que la défense fût libre, il n'eût pas fallu placer les témoins à décharge sous des impressions de terreur, tandis qu'on n'a que félicitations et encouragemens pour les autres.

Un autre scandale a été donné, et ce terme assurément n'est pas trop fort, par le président lui-même : de son propre mouvement, il a demandé au témoin Janety si la demoiselle Lucas ne vit pas *dans des relations très intimes avec Bergeron* ; il insiste

pour obtenir une réponse à cette question, et M. le procureur
général n'y met aucun obstacle. Quelques minutes après, le défenseur prie M⁰ Duboys (d'Angers) de demander à un témoin
si la demoiselle Edouard ne vit pas dans des relations très intimes avec Jauety, reproduisant comme on voit, les mêmes termes; M⁰ Duboys (d'Angers) se refuse à poser la question.
M. Persil se lève aussitôt, et demande que, dans l'intérêt des
bonnes mœurs, une telle question ne soit pas posée. L'avocat
insiste, et s'autorise de ce qui vient d'être fait par le président.
Cette réclamation n'est pas écoutée. M. Duboys (d'Angers),
sans se déconcerter, déclare, en forme de sentence, que la dignité de l'audience et d'intérêt des bonnes mœurs ne permet-
tent pas que la question soit posée au témoin. Ainsi, de deux
choses l'une, ou M. Duboys a manqué à la dignité de l'audience,
ou il a été d'une révoltante partialité.

Nous pourrions multiplier ces citations, mais elles se résu-
ment toutes dans cette menace à la défense qui termine le réquisitoire de M. Persil.

La défense paraissait disposée à soutenir la simulation de
l'attentat; nous n'avons pas voulu nous abaisser à prouver la vérité de ce crime, l'esprit de parti pourrait seul en douter. Nous
le disons avec franchise, en agissant ainsi, ce ne serait pas défendre Bergeron, mais prendre la défense d'un parti; or une
telle défense ne serait pas sans danger. Les avocats ont juré, en
entrant dans cette audience, de respecter la loi. Il existe une
loi qui ne permet pas qu'on puisse impunément exciter à la
haine ou au mépris du gouvernement du roi; et si, dans cette
enceinte, un pareil délit était commis, n'importe par qui,
nous aurions le courage d'en requérir la punition immédia-
tement.

Heureusement M⁰ Joly, défenseur de Bergeron, n'était pas
homme à se laisser intimider par la menace; et sa plaidoirie a
ineffaçablement établi ce qui était déjà démontré aux yeux de
tous, qu'il n'y avait pas d'attentat réel.

Nous voilà au terme du procès. Le lecteur connaît maintenant les parties saillantes de cet échafaudage monstrueux.
Groupez encore autour, si vous voulez, des faits détruits par des
témoignages plus nombreux et plus respectables que ceux qui
les établissent; une infinité de détails qu'on y a laborieusement
attachés, et qui par eux-mêmes n'auraient absolument aucune
importance; le bavardage des portières, les *on dit* des cafés; et
vous vous ferez une idée du spectacle qu'a présenté pendant
toute une semaine la cour d'assises de Paris.

Enfin les fatales questions furent posées : « Bergeron est-il
coupable d'avoir commis un tentative d'assassinat sur la personne du roi; Benoît de s'être rendu complice dudit crime, en
aidant et assistant Bergeron? » Le jury, à l'unanimité, prononça, sans délibérer, comme vous auriez prononcé vous-même.

Il se retira dans la salle de ses délibérations pour la forme, et ne se donna que le temps de signer sa déclaration. Le coup de sonnette, signal de son retour, se fit entendre aussitôt. M. le président Duboys (d'Angers) en eut la rougeur au visage. Lui, qui s'était donné une peine si grotesque pour faire ressortir le sérieux de ces ridicules débats, prit cette prompte décision des jurés pour un affront. Il crut devoir faire passer, par l'entremise d'un huissier, un billet à MM. les jurés, pour les supplier de prolonger de quelque temps encore, au moins en apparence, leur délibération, par égard pour l'accusation. Le quart d'heure de grâce fut accordé; le verdict d'absolution ne retentit dans l'enceinte de l'audience que quelques minutes après, salué par des applaudissemens et des bravos long-temps prolongés.

Il faut dire encore que, bien que le ministère public eût distingué constamment, dans sa réplique, le fait de l'attentat et de la culpabilité des prévenus, il n'osa pas demander que la première question fût posée. Il est vrai que, dans sa réplique aussi, Me Joly avait donné un tel degré d'évidence à l'opinion qui impute à la police, et à la police seule, l'attentat prétendu, qu'il y aurait eu péril pour l'accusation à soumettre la question

CHAPITRE VI.

Coup-d'œil en arrière. — La revue des indignés. — Les adresses. — Anecdotes et bons mots. — Dédommagemens. — Conclusion.

Maintenant que nous avons fait connaître au lecteur la manière dont *l'attentat horrible*, c'est ainsi que les journaux de la police l'avaient désigné, et c'est désormais *l'attentat risible* que les journaux indépendans l'appellent; maintenant, disons-nous, que nous avons fait connaître la manière dont ce singulier événement a été amené et conduit à fin, il nous reste à dire quelques mots des conséquences qu'on s'en était promises. Il est donc nécessaire de revenir un moment sur nos pas.

Dès le jour même du coup de pistolet, nous avons vu les pairs et les députés se porter en foule au château; nous avons entendu cet échange de mots heureux entre Louis-Philippe et M. Dupin; ce fameux *ils* qui donnait à entendre, avant toute information, qu'il ne s'agissait pas d'un crime isolé. Le même jour, une convocation extraordinaire des officiers de la garde nationale et de la garnison eut lieu pour une démarche analogue à celle des pairs et des députés; puis vinrent les députations de la banlieue et des départemens circonvoisins.

Cependant il était facile de s'apercevoir que le zèle ne répondait pas aux efforts qu'on ne s'épargnait pas pour l'aiguillonner. Les dupes, ou ceux qui sont intéressés à faire semblant de l'être, n'arrivaient que bien lentement. L'indignation se faisait tirer l'oreille; elle n'osait éclater sérieusement que dans les antichambres du ministère ou du château. On résolut d'obtenir une manifestation plus bruyante.

Au temps de Beaumarchais, tout finissait par des chansons; tout finit par des revues, de nos jours. Il n'est si grêle événement, si mesquine aventure, qu'on nous pardonne cette comparaison, qui n'ait maintenant sa revue finale, comme si mince opéra qui n'ait son chœur final: c'est une manière tout comme une autre de mettre un terme aux choses; et puis, il y a loin de revues dont nous serons témoins maintenant à ces grandes et patriotiques solennités qui suivirent la révolution de juillet; les revues n'ont plus rien de national; ce ne sont que des cérémonies de parti, de vaines simagrées militaires. Au nombre des qualités qui distinguent la garde nationale, on a placé, vraiment avec grande raison, son admirable patience. C'est faire preuve, en effet, d'une bien admirable patience, que de consentir, depuis si long-temps déjà, à ce rôle de comparses que lui adjuge le pouvoir dans toutes les comédies qu'il lui plaît de jouer, et que de n'y prendre part que pour la partie des louons, des chantons, des célébrons! car le pouvoir ne lui demande pas autre chose. Mais tout s'use à la longue; le pouvoir l'avait craint lui-même, si l'on en juge par les soins qu'il prit de ne pas s'adresser à la garde nationale en masse, dans la prévision de refus qui peut-être eussent été trop nombreux pour pouvoir être déguisés; et, chose inouïe! de trier cette fois les gardes nationaux, d'éplucher les candidats à la revue, d'exclure les suspects, les douteux, afin de se composer, autant que possible, un parterre de choix, un pêle-mêle d'amis, renforcé d'indifférens, d'amateurs forcenés d'évolutions militaires, ou tout au moins d'observateurs quand même des règles de la discipline. Vingt-cinq par compagnie seulement furent convoqués. Nous ne nous plaindrons pas, tant s'en faut, du petit nombre de gardes nationaux auxquels le pouvoir avait cru prudent de réserver le privilége de l'indignation sur le prétendu attentat du 19. Ce petit nombre, que même, en raison des nuances que nous venons d'établir, il faut bien se garder de considérer comme unanime, s'élevait à peine à quatre mille hommes. Nous avons cru remarquer que, toute proportion gardée, la banlieue y comptait beaucoup plus de représentans que Paris, non pas, sans doute, que la banlieue ceigne Paris d'un épais enthousiasme, en attendant les fortifications qu'on nous promet, mais parce qu'en définitive, pour l'homme dévoué d'*extra muros*, de qui la vie ordinaire est monotone, et qui ne subit que lentement, plus lentement qu'à la ville, l'influence quotidienne des événemens, une entrée à Paris, tambour battant, musique en tête, sera, dans tous les temps, une partie de plaisir, une joyeuse, une agréable distraction.

L'effet des revues manqué, on eut recours aux adresses. Les préfets, sous-préfets, maires, etc., reçurent le mot d'ordre, et les conseils municipaux furent travaillés en conséquence. Qui le croirait? les communes aussi manquèrent à l'appel. On n'obtint, sur les 40,000 communes de France, que 569 adresses, et encore y eut-il de nombreuses protestations. « Quand le coup de pistolet, écrivait un conseiller municipal de Beauvais, me paraîtra autre chose qu'une spéculation ministérielle sur nos libertés, je me joindrai à mes collègues qui veulent voter une adresse à Sa Majesté. » Mais il y eut mieux que des protestations individuelles; il y eut des refus formels de la part de conseils municipaux vainement sollicités. Parmi ces derniers, nous citerons Strasbourg, où la proposition d'une adresse fut rejetée à la majorité de 22 voix contre 5; Troyes, Besançou, Tours, Nanci, où la majorité fut à peu près la même; Nevers et Dornes, dans le département représenté à la chambre par M. Dupin, où l'adresse fut rejetée à l'unanimité; Le Puy, où il ne se trouva qu'une seule voix en faveur de l'adresse, celle du maire, qui l'avait proposée; Beaune, Saverne, Le Mans, Nogent-sur-Seine, Tulle, Château-Chinon, etc., etc. Il y a mieux encore, il y eut ce qu'on n'avait jamais vu, ce que nous appellerons des *contre-adresses*: car on ne saurait donner un autre nom à ces pièces si remarquables par le contraste de leur franchise avec les plates flagorneries qui en étaient jusqu'à ce jour le style obligé. Nous regrettons que le cadre où nous avons dû nous renfermer ne nous permette qu'une seule citation :

Adresse du conseil municipal de la commune de Chamborêt, votée à l'unanimité dans la séance du 26 décembre 1832, d'après l'invitation de M. le préfet.

« **Sire**,

« Les membres du conseil municipal de la commune de Chamborêt ont été plus affligés que surpris en apprenant l'attentat du 19 novembre : ils ne s'en sont dissimulé ni les causes ni les auteurs. Par quelle fatalité faut-il que ceux qui avaient reçu la mission si douce et si facile de faire aimer et bénir votre nom se soient livrés sans relâche à une tâche tout opposée ? Sire, il vous est pénible d'en faire l'aveu, les conseillers de la couronne n'ont que trop réussi dans leur entreprise. L'amour et l'enthousiasme ont été remplacés par le découragement et l'exaspération. Comment en pourrait-il être autrement, quand, avec tous les élémens de prospérité et de gloire, on ne nous a légué que déception, abjection et détresse ? Le système adopté se fait sentir jusque dans les plus petites localités ; nous avons vu graduellement diminuer les travaux de toute espèce, nos marchés et nos foires perdre leur activité ; aujourd'hui tout débouché pour notre bétail est fermé. Le bétail était notre unique ressource pour solder nos ouvriers et acquitter les charges envers l'état, il ne nous restera bientôt plus que les contraintes du fisc et notre désespoir.

« Les contribuables de cette commune et des circonvoisines ont l'opinion que les sommes qu'ils versent, aux dépens des privations les plus absolues, sont prodiguées aux ennemis de la révolution de juillet et aux agens de la police, pour ourdir et fomenter des intrigues, des complots moins criminels que flétrissans. Dans cet état de choses, les habitans de cette contrée attendent avec anxiété un changement qui ne saurait être différé sans attirer sur la France et sur vous, Sire, des calamités innombrables. Fasse-le Ciel que nos vœux ardens se réalisent ! C'est dans cet espoir que les membres du conseil municipal de la commune de Chamborêt vous prient d'agréer, sire, l'assurance de leur constant et entier dévoûment pour la cause de la liberté et de la patrie, qui est aussi la vôtre.

Signés : Magenet, maire ; Lafleur-Laquerenne, Boutaud, G. Forgemol, Hélitar, Labesse, Tricaud, Ruaud, Larcher, Aimard.

Enfin, il n'est pas jusqu'au corps diplomatique qui n'ait relancé le candide M. Lehon, l'envoyé de Belgique, qui avait proposé une démarche officielle auprès du roi, pour le féliciter d'avoir échappé à l'assassinat. A cet égard, M. de Parquin l'a rassuré.

Au reste, indépendamment du précis que nous avons donné, l'horrible attentat a aussi sa partie anecdotique, ses *ana*, dont il faut bien offrir quelques extraits. Nous prendrons au hasard et en petit nombre, car, dans ses historiettes sans suite, la variété même est monotone et a quelque chose de fastidieux.

La garde nationale à cheval a fait demander au roi, par son colonel, M. de La Ferrière, qu'il voulût bien désormais permettre que le poste de service au château lui servît d'escorte lorsqu'il sortirait. Sa Majesté, en remerciant la garde nationale à cheval de son zèle et de sa bonne tenue, lui a accordé sa demande.

(Journal des débats, 20 novembre 1832.)

— Un étudiant en médecine, ayant proposé aux élèves du cours de M. Orfila de se rendre en députation aux Tuileries, a été hué et sifflé, et sa proposition repoussée à l'unanimité.

(National, 23 novembre.)

— A l'audience de la cour, réunie pour statuer sur l'évocation de l'affaire relative à l'attentat, M. le procureur-général Persil, après avoir présenté cet attentat comme se rattachant à une conspiration dont les complices avaient favorisé l'évasion du coupable, a ajouté : « Et ce qui prouve, messieurs, qu'il y a complot, c'est que (*et je le dis ici pour l'honneur de la population parisienne*), s'il n'y avait pas eu complot, ce misérable eût été à l'instant même *écharpé et mis en pièces.* »

— Un individu, de vingt-six à trente ans, s'est présenté à la préfecture de police pour faire, disait-il, une révélation importante. Il a déclaré à M. le préfet que les personnes arrêtées par suite de l'attentat du 19 novembre étaient innocentes, que cette pensée le tourmentait beaucoup, et qu'il croyait devoir déclarer que le vrai coupable c'était lui.

M. le préfet de police l'a interrogé sur son nom, sa demeure et ses intentions. Il a répondu qu'il ne disait ni son nom ni sa demeure, parce qu'il ne voulait pas que sa famille fût inquiétée. Quant à ses intentions, il a affirmé qu'elles n'avaient eu rien de politique, et qu'il n'avait pas de complices : toutes ses réponses ont été d'abord calculées de manière à éviter de compromettre sa famille et ses amis.

Dans un interrogatoire qui a suivi, pressé de questions, il s'est ému, a versé quelques larmes, et a témoigné du repentir; enfin il a avoué que son crime avait eu un motif politique, mais il a persisté dans ses autres dénégations.

Ce matin, il a fait appeler près de lui M⁰ Parquin, bâtonnier de l'ordre des avocats, et l'a consulté sur le danger que pourraient courir son père et sa mère s'il disait son nom. M⁰ Parquin l'a rassuré à cet égard. Alors il a déclaré au préfet de police qu'il se nommait Courtois, qu'il habitait Versailles, où il était entrepreneur de maçonnerie.

Comme ces détails ne suffisaient pas pour prouver que l'individu qui s'accusait fût véritablement coupable, on a dû de nouveau l'interroger avec soin.

Courtois a d'abord maintenu ses premiers aveux; puis, sur l'observation qu'on ne pouvait le croire sur parole, et que, pour connaître la vérité, l'information serait forcée de remonter à sa famille, il a paru inquiet, et a fini par dire qu'il n'était pas coupable, mais qu'étant malheureux et désirant la mort, il avait voulu prendre la responsabilité d'un crime auquel il était étranger.

On n'a pas dû ajouter une foi plus entière à cette seconde déclaration qu'à l'autre. Le nommé Courtois restera donc détenu jusqu'à plus ample information. La justice ne négligera aucune recherche pour éclaircir ses doutes.

(Nouvelliste, 4 décembre.)

— Il paraît que le nommé Courtois, qui s'est présenté à la préfecture de police, se déclarant auteur de l'attentat du 19 novembre, est atteint d'aliénation mentale. On est encore à découvrir le premier mot de cette affaire.

(Temps, 6 décembre.)

— On a remarqué qu'il n'avait été question de l'*horrible attentat* du 19 novembre dans aucun des discours prononcés devant le roi à l'occasion de la nouvelle année.

(Tribune, 3 janvier 1833.)

— *Duboysiana.* — Accusé Bergeron, vous n'êtes pas allé voir le cortége et le roi passer; vous n'êtes guère curieux? — Témoin, que savez-vous? — Rien. — Dites ce que vous savez. — MM. les jurés, je vais faire *passer* sous vos yeux les *passages* des dépositions de Planet faites par le *passé*, pour que vous soyez plus *mémoratifs* des détails du procès. — Huissiers, amenez *aux pieds* de la cour celui qui se permettra la moindre marque d'improbation. — Bergeron, ce corrigé me paraît d'une certaine force. — Il y a trois barbarismes sur quatre mots. — Le régicide est placé *au haut* de l'échelle des crimes.

(Gazette des tribunaux.)

— Le dragon Vieussens ayant déposé que Bergeron lui avait dit en vouloir à la vie des ministres, « Ce serait une niaiserie trop forte, répond l'accusé : pour nous autres républicains, les plus mauvais ministres sont les meilleurs.

Nous terminerons ces citations par la reproduction d'une pièce publiée à l'ouverture des débats, et qui, par les dispositions mêmes qu'elle renferme, témoigne de la sympathie de la population pour les accusés :

ORDRE DE LA PLACE.

10 mars 1833.

A dater de demain 11 du courant, et jusqu'à nouvel ordre, on se conformera aux dispositions suivantes :

Dès dix heures du matin, les 20ᵉ léger et 42ᵉ de ligne feront porter chacun une réserve de 100 hommes, commandés par deux officiers, dont un capitaine, à l'Hôtel-de-Ville.

A partir de la même heure, seront prêts à marcher au premier ordre : dans la caserne de l'Oursine, 200 hommes; dans la caserne du Foin, 300 hommes.

Dans les autres casernes de la garnison, les réserves actuelles seront portées à 100 hommes dans les grandes et à 50 dans les petites.

Le 58ᵉ tiendra 100 hommes dans la galerie neuve, à la disposition de M. le maréchal Lobau.

Les régimens qui fournissent les postes du Palais-de-Justice et du pont d'Arcole les feront doubler à partir de dix heures du matin jusqu'à dix heures du soir, par des piquets de même force.

Dès la même heure, le 3ᵉ régiment de dragons, qui fait le service de la place, portera le piquet du Carrousel au complet de 100 chevaux.

Il y aura en outre 50 chevaux prêts à marcher au premier ordre, au quartier des Célestins.

Le 2ᵉ de carabiniers tiendra 100 chevaux à l'Ecole militaire.

Le 2ᵉ dragons, 100 chevaux à l'hôtel d'Orsay, également prêts à marcher au premier ordre.

Signé DARRIULE.

Ici finit notre tâche. Ajoutons qu'avant de clore la session des assises, le ministère public a voulu se dédommager du désappointement où l'avait jeté l'issue du procès. Le *National* et le *Charivari* ont été cités directement à sa requête pour infidélité dans le compte rendu des débats devant M. Duboys (d'Angers) et ses deux assesseurs MM. de Claubry et Portalis, qui leur appliquent, sans assistance du jury, la loi de censure de 1822. Si la cour de cassation n'infirmait pas un tel arrêt, le pouvoir se trouverait dédommagé lui-même par l'arme nouvelle que lui fournirait contre la presse cette législation exceptionnelle. Il nous semble, tout considéré, que le pouvoir eût pu être modeste. Les chambres n'ont-elles pas passé l'éponge sur tout son passé, et le but à tort ou à raison attribué au *coup de pistolet* n'a-t-il pas été atteint ?

En résumé, les seuls faits constatés jusqu'ici, c'est qu'il y a eu un coup de pistolet tiré, chargé à balle ou à poudre, n'importe par qui, et qu'on n'a pu découvrir *la main invisible*, pour nous servir d'une expression consacrée par la défense, qui a fait jouer les ficelles de la prétendue conspiration ; c'est qu'on savait au château qu'il y aurait un coup de pistolet tiré sur le roi, et que le commandant de la gendarmerie de Paris était dans cette attente en accompagnant le cortége ; c'est que deux gardes municipaux, qui disent avoir arrêté l'assassin, ne le reconnaissent pas sur les bancs de la cour d'assises ; c'est que la demoiselle Boury, qui dit avoir détourné le bras de l'assassin, ne le reconnaît ni dans Bergeron ni dans Benoit; c'est que, de deux témoins à charge qui n'ont pas vu mademoiselle Boury, et qui n'ont pas été vus par elle, l'un croit reconnaître l'auteur de l'horrible attentat dans Benoit, parce que, dit-il, il était brun et barbu, et que l'autre a les mêmes soupçons sur Bergeron, parce qu'il est blond et sans barbe; c'est enfin que l'acte d'accusation publié il y a deux mois a été rédigé avec une perfidie inique, et que les dépositions à charge ou à décharge y ont été défigurées et mutilées avec une infernale astuce.

Comment M. Persil n'a-t-il pas songé à faire entendre Sa Majesté Louis-Philippe en personne ? Le roi-citoyen ne se fût probablement pas refusé à courber son sceptre populaire devant la pairie populaire du jury. Le roi a dit mille fois dans la soirée du 19 et dans la journée du 20 novembre qu'il avait vu l'assassin, qu'il le reconnaîtrait entre mille. Louvel fût confronté avec le duc de Berri, et Damiens avec Louis XV. Bonaparte fit comparaître devant lui le jeune homme de Schœnbrun. Il y avait dans ces trois cas attentat véritable. Bergeron est pourvu d'une assurance de regard qui eût rendu une telle confrontation extrêmement curieuse.

On pourrait peut-être nous reprocher que ce récit, destiné à faire partie d'une collection historique, est écrit avec une légèreté qui aurait dû en être éloignée par la gravité du sujet. Notre excuse serait que *cet attentat horrible* a de suite été transformé en *attentat risible;* et que, pour être historiens fidèles, nous devions être en accord avec le DOCUMENT AUTHENTIQUE, qui est le *procés du coup de pistolet* soutenu devant la Cour d'assises par M. Persil.